Este libro pertenece a:
_____

Las aventuras de
ANA EN LA MINA
"El secreto de la Esperanza"

Ana Gabriela Juárez

Libro con realidad aumentada

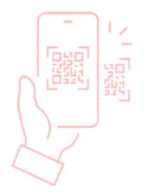

Bienvenidos a *Las Aventuras de Ana en la Mina: El Secreto de la Esperanza,* un viaje emocionante hacia el fascinante mundo de la minería, que va más allá de las páginas. Te invitamos a sumergirte en esta maravillosa historia que despierta la curiosidad, la amistad y la valentía. Pero eso no es todo, prepárate para una experiencia única, ya que este libro estará acompañado de una sorprendente dimensión adicional: ¡la Realidad Aumentada!

Con nuestra aplicación interactiva, podrás explorar la mina junto a Ana y sus amigas de una manera totalmente novedosa. Descubre minerales deslumbrantes, aprende sobre la minería y sumérgete en un mundo lleno de aventuras. ¿Cómo acceder a esta increíble función? ¡Es sencillo! Solo escanea el código QR que encontrarás a continuación y sigue las instrucciones para vivir una experiencia aún más emocionante y educativa. ¡Prepárate para un viaje que va más allá de las palabras y descubre la magia de la minería en una dimensión completamente nueva!

Las aventuras de Ana en la mina: El secreto de la Esperanza

Primera edición, septiembre 2023

©Ana Gabriela Juárez

Escrito por: Ana Gabriela Juárez
Edición y Diagramación: David Manangón
Ilustraciones y Diseño Editorial: Santiago Ramírez
Diseño gráfico: Sofía Villanueva y Andreina Santos
Publicado por: Marcel Verand

No se permite la reproducción total o parcial de este libro, ni su incorporación a un sistema informático, ni su transmisión en cualquier forma o por cualquier medio, sea éste electrónico, mecánico, por fotocopia, por grabación u otros medios, sin el permiso previo y por escrito del autor. La infracción de los derechos mencionados puede ser constitutiva de delito contra la propiedad intelectual.

Todos los derechos reservados.

Agradecimientos

Agradezco en primer lugar a Dios por infundirme con energías y creatividad, guiándome en este viaje de inspiración y descubrimiento.

Quiero dedicar estas páginas a mi hijo Alexander, su sonrisa ilumina mi camino y la confianza que ha depositado en mí es un faro de fortaleza. A mis padres, quienes con su amor inquebrantable y apoyo constante, han sido mi cimiento en cada paso que he dado.

Un agradecimiento especial a mi equipo, cuya dedicación y pasión han tejido cada detalle de esta aventura. A todos aquellos que han contribuido en la realización de este libro, su labor y entusiasmo han dado vida a esta historia.

No puedo dejar de reconocer a los patrocinadores de nuestra organización, *Women in Mining Central America*, cuya apuesta y creencia en la educación de los niños para el futuro de nuestra región y del sector minero, han sido una luz guía en este proyecto.

En cada página, en cada línea, este libro es el reflejo de la dedicación y el cariño de muchos corazones. Espero que encuentres en estas palabras la misma alegría e inspiración que han sido mi compañía en este camino.

Con gratitud,
Ana Gabriela Juárez

ANA JUANA RAKSHA

Ese día Ana cumplió años, al igual que su abuela, Maureen. Ella se levantó temprano, contenta porque justo caía en sábado y sus amigas, Juana y Raksha, pasarían el fin de semana en su casa. El día sería ajetreado, su papá iba a ir a trabajar y su mamá iba a ir al centro de la ciudad a retirar el libro que le pidió Ana como regalo de cumpleaños, la despensa, el pastel y la comida para la cena de esa noche. Su abuela, Maureen, iba a llegar por la tarde. Ana estaba a cargo de recibirla y de adornar la sala para la cena de su cumpleaños.

Cuando bajó a desayunar, su papá tenía una taza de café en la mano mientras mordía una tostada. Él llevaba camisa y corbata, lucía muy formal y ordenado. Su cabello negro estaba siempre muy bien peinado. Su mamá todavía vestía pijama y preparaba unos pancakes en la sartén. Cuando vieron bajar a Ana, giraron con sorpresa porque no la esperaban despierta tan temprano. Los dos sonrieron y se acercaron a abrazarla.

—¡Feliz cumpleaños!, mi amor —dijeron los dos padres al unísono con una sonrisa en sus rostros. A ellos, se unió Joy, su pequeña perrita, quien también quería felicitar a Ana.

—No te esperaba despierta tan temprano —le dijo la madre mientras daba vuelta a los pancakes. El padre terminó su café, se acomodó la camisa y la corbata con cuidado, se peinó mirándose en el espejo de la sala y se despidió de su hija y de su esposa dándoles un beso en la frente a cada una. Él regresará para la cena—. Siéntate y te sirvo el desayuno. Me imagino que Juana y Raksha vendrán temprano —continuó la madre conservando la sonrisa en el rostro y con el tono de voz tierno, como de confidente, pero a la vez enérgico, que Ana tanto admiraba en ella; era como una muestra de la mujer valiente y llena de confianza.

—Sí —respondió Ana y fue a abrir la puerta para que la perrita saliera al jardín. El pelaje marrón con negro y blanco de la perrita Joy atravesó veloz la sala con un paso amigable, moviendo con entusiasmo la cola negra terminada en punta como un pincel color blanco—. Ellas me ayudarán a limpiar la casa y a adornarla —Ana estaba de buen humor, cumplir trece años la hacía sentir mayor, toda una adolescente, pero aún le gustaba que su mamá le preparara sus pancakes con la miel servida en forma de carita feliz. Justo así se los puso en el plato—. Hay muchas cosas en el ático que podríamos usar. Ellas me ayudarán a moverlo todo… —dijo antes de tomar una buena porción rebosante de miel con el tenedor.

—No hagan travesuras —sentenció la madre sin perder la sonrisa—. Recuerda que si lo mueves, lo ordenas. No dañen nada del baúl de la abuela. —Luego ella se fue a duchar y vestirse para salir.

Ana estaba sola en casa, se encontraba secando los platos y guardándolos en la estantería cuando escuchó el timbre. Salió corriendo y recibió a sus amigas. Desde que terminaron la escuela ya no se ven tan seguido porque cada una cursa la secundaria en escuelas diferentes. Aun así, su amistad es inquebrantable. Al abrir la puerta, la primera que saltó a abrazarla fue Juana. Ella es una niña muy enérgica y espontánea, su sonrisa puede iluminar cualquier lugar por oscuro que sea, ella siempre trata de encontrarle el lado bueno al asunto. Atrás se encontraba Raksha, quien es un poco más introvertida, pero igualmente es una compañera y amiga incansable. Ella se unió al abrazo y le deseó un feliz cumpleaños a su amiga. En medio del gran abrazo y las risas de las amigas, Joy se cruzó entre los pies de las chicas y las llevó al interior de la casa.

Las niñas dejaron sus mochilas en la habitación de Ana y se dirigieron al ático, Joy las acompañó muy de cerca. Ya allí, encontraron vestidos y sombreros antiguos que pertenecían a la mamá y a la abuela de Ana. Mientras se probaban algunos vestidos y lucían sus atuendos, las niñas reían y modelaban entre ellas.

Luego de un par de horas se aburrieron y empezaron a buscar adornos que les podrían servir para decorar la sala. Como encontraron muchos artículos de la abuela de Ana, decidieron hacer una fiesta temática en honor a ella, ya que Maureen era una importante geóloga y Ana la quería y admiraba mucho; sentía que era un honor cumplir años el mismo día que su abuela.

Juana, siempre curiosa y aventurada, abrió el baúl de recuerdos. En ese momento, Ana sintió como una corriente eléctrica que recorrió su espalda, recordaba la advertencia que le hizo su madre, pero sentía una curiosidad auténtica, única, como un llamado de su corazón para que revisara los recuerdos de su abuela. Por un momento dudó, pero las ganas la vencieron y se acercó a investigar. La última en acercarse fue Raksha, quien estaba encantada con la colección de pañoletas y chalinas de Maureen. Justo se estaba probando una pañoleta cuando escuchó a sus amigas y vio algo que le llamó la atención:

—¿Qué es esto? —inquirió Juana—, hay un montón.

—Ten cuidado, Juana —le dijo Ana, pero su corazón la llamaba a averiguar qué decía en esos documentos que le pasaba su amiga.

—Parecen cartas, mapas, dibujos. ¡Qué bien!

—No los desordenes —le advirtió Ana a su amiga justo el momento en que un destello violeta resplandeció cuando tomó una de las hojas que le pasó Juana. Eso fue lo que llamó la atención de Raksha mientras se probaba la pañoleta e hizo que se acercara con Joy en sus brazos.

—¿Qué fue eso? —les preguntó Raksha.

—¿Qué? —dijeron las otras dos al unísono.

—Ese brillo violeta.

—¿Qué? —preguntó Juana poniendo cara de extrañeza.

—Fue cuando tomaste ese papel, Ana —dijo con certeza Raksha—. Anda tómalo de nuevo.

Ana tomó la hoja doblada que le decía su amiga y ella también notó el destello. Las tres lo notaron. ¡Hasta Joy soltó un ladrido!

—Wow. ¿Y eso?

—Veamos qué dice —les dijo Juana dirigiéndose a una mesa que se encontraba ocupada por sombreros.

Las tres niñas y la perrita en brazos se acercaron a la mesa y contemplaron un mapa que se formaba al desdoblar la hoja. *Mina Esperanza*, llevaba por título y abajo, en un recuadro ubicado en el extremo inferior izquierdo, había una leyenda explicativa.

15

Acceso Restringido

El acceso a Villa Esperanza está restringido para quienes no cumplan los siguientes requisitos:

1. No se admite el acceso individual. Para participar, los equipos deben tener un mínimo de dos integrantes y un máximo de cuatro.

2. Al menos uno de los integrantes del equipo debe pertenecer a la familia de Villa Esperanza.

3. El acceso se restringe únicamente al día del cumpleaños del descendiente de la familia, quien podrá activar el mapa de acceso.

4. La llave de acceso será una de las alianzas coronadas con la gema correspondiente a la Villa que represente.

5. Para identificar la gema correspondiente, el equipo deberá responder el siguiente acertijo:

En lo profundo de la tierra verde,
una gema reluce, destello que cede.
Su color intenso, resplandor sin igual,
¿Cuál es la piedra que en el mapa debes hallar?

6. Con el anillo ubicado en el dedo anular del descendiente de la familia de Villa Esperanza, este deberá señalar el mapa, así como el resto de los integrantes del equipo.

Las tres niñas se lo tomaron a broma, les resultó muy entretenido tener que juntar todos los requisitos, como si se tratara de un antiguo juego de mesa. Luego de leer varias veces las instrucciones, entendieron que lo primero que deberían resolver era el acertijo, ya luego se buscarían un descendiente de la familia de no sé qué.

Discutieron el significado del poema/adivinanza hasta el cansancio. Juana continuó hurgando en el baúl junto a Ana, quien seguía sintiendo su corazón latir como un tambor que la llamaba a la aventura. Encontraron una caja con varios anillos, cadenas, dijes y aros, la mayoría con diferentes piedras preciosas: amatista, zafiro, un rubí y hasta una esmeralda.

—Esto debe valer una fortuna.

—Ahora entiendo por qué mamá no quería que jugáramos con el baúl. Vamos, será mejor guardarlo todo.

—Vamos Ana, no va a pasar nada —dijo Juana divertida, poniéndose los anillos en sus dedos. A Ana le recordó la imagen de su abuela hace un par de años usando esos mismos anillos.

—Déjalo, Juana, por favor, si perdemos algo, mi mamá me va a matar. Y a mi abuela le dará un infarto. Vamos a arreglar todo, mejor. En una hora llegará la abuela.

Juana empezó a correr y ocultarse de Ana, quien la persiguió por el ático. Las dos chicas reían y jugaban a la persecución. Solo Raksha continuó dándole vueltas al acertijo.

—¡Lo tengo! —gritó de alegría—. Es la esmeralda.

—¿Cómo? —preguntó Juana, dejándose atrapar por Ana.

—La respuesta al acertijo, es esmeralda. Se supone que, según esto, si la persona indicada se pone el anillo de esmeralda y toca el mapa, se abrirá algún tipo de acceso. Ana, esos anillos son de tu abuela. Tú deberías usarlo a ver si pasa algo.

—¿Qué? ¿Por qué yo? Es solo algún juego de mi abuela, ya dejemos todo en orden.

—Sí, debes ser tú, Ana. Conmigo no sirve —dijo Juana con el anillo de esmeralda en su anular mientras tocaba el mapa, sonriéndole a su amiga—. Póntelo tú. Te prometo que si no funciona te ayudaremos ahora sí a ordenar todo y a adornar la sala. Vamos, amiga —terminó Juana, persuasiva, extendiéndole el anillo a Ana. Las dos tenían los cabellos alborotados.

—Está bien, pero me lo prometes —le dijo Ana acercándose a tomar el anillo—. Ya mismo es hora de que llegue mi abuela, y aquí está todo revuelto.

Las tres chicas junto con la perrita Joy rodearon la mesa donde estaba abierto el mapa y se tomaron de la mano. Ana se puso el anillo de esmeralda y dio un resoplido. Tocó el mapa, y esta vez, una luz muy brillante color esmeralda iluminó el desván, las absorbió y las llevó directamente dentro del mapa.

Cuando Ana abrió los ojos se encontraba en un pequeño prado en las faldas de una loma. Se levantó; la hierba le llegaba hasta los tobillos. El lugar olía a flores de campo, hacía un clima agradable. A lo lejos se veía un poblado al que se llegaba por un camino que se aproximaba a la loma. Joy ladró y se acercó. Al cargarla, le lamió la cara con gesto animoso, luego se bajó y empezó a correr. La perrita ladró, insistiéndole para que la siguiera. Ana, algo mareada y como intentando entender qué sucedía, se acordó de sus amigas y siguió a Joy.

Al pasar unos matorrales cercanos vio a sus amigas de pie junto al camino que llevaba al pueblo. Joy saltaba de contenta cuando las tres chicas se encontraron. Unos niños pasaron corriendo y no se detuvieron cuando Juana les preguntó en dónde se encontraban.

—¡Maleducados! —les gritó Juana, enojada por el desplante.

—Vi un poblado al final del camino que baja de la montaña. Debe de ser este. ¿Lo seguimos? —les comentó Ana a sus amigas.

—¡Claro que debemos seguirlo! ¡De paso encontramos a ese mocoso malcriado! —respondió Juana.

—¿Qué piensas, Raksha? —siguió Ana dudosa.

—Donde sea que estemos, tenemos que encontrar gente para que nos ayude. El camino se ve seguro, además Joy puede adelantarse un poco y nos avisará si hay algún peligro.

—Está bien. Vayamos.

Así avanzaron por un par de horas, Joy siempre adelantándose y animándolas con sus ladridos. No había rastro de los niños que las pasaron; Juana no paraba de buscarlos en el horizonte. El camino no era difícil, pero en algunos puntos había mucha vegetación, enredaderas y arbustos a los lados del camino, lo cual obstruía la visión.

—Debemos tener cuidado —les dijo Ana a sus amigas, haciéndolas detenerse.

—Sí —reiteró Juana—, cualquiera de esos niños podría sorprendernos.

—¿Qué hacemos? —preguntó nerviosa Raksha.

—Tomemos alguna rama o vara que encontremos y si Joy detecta que alguien está escondido, le damos con todo. ¿Les parece? —dijo Ana.

Las tres niñas asintieron y fueron a los lados del camino a aprovisionarse de algo que les fuera útil. Ana y Juana treparon un pequeño árbol al cual le pudieron partir unas ramas aún verdosas. Raksha las esperaba abajo, recolectando las ramas que lanzaban sus amigas. Luego ellas bajaron, escogieron las mejores y retornaron al camino.

Las tres, con vara en mano y con Joy haciendo de guardia, avanzaron. No había rastro de los niños maleducados. Caminaron aproximadamente unos cuarenta y cinco minutos cuando vieron una encrucijada. Una pequeña «Y» que se formaba por otro camino que se unía al principal, por el que ellas transitaban. Joy se puso nerviosa y su cola dejó de moverse, la punta en forma de pincel apuntaba hacia al cielo. Gruñó y empezó a ladrar entre dientes. Ana y sus amigas se pusieron en guardia. Avanzaron lentamente, sin tener muy claro lo que se iban a encontrar, las tres se infundían valor. En el punto exacto en el que se unían los caminos había un matorral tupido, pero no muy alto; debe haber medido poco más de un metro.

A ese matorral le ladraba Joy. «¿Qué será lo que se

esconde ahí?», se preguntaba Ana, «¿uno de esos niños?, ¿algún animal?». Tenía miedo, pero no podía quedarse ahí sin averiguar dónde estaban. Muy cerca del arbusto, las tres se pusieron en posición de ataque. Ana les dio la señal a la cuenta de tres con sus dedos.

Saltaron dando un grito y arremetieron contra el arbusto. Le dieron bien duro, cada una haciendo saltar astillas y espinos. Luego de un par de minutos en los que se confundieron los gritos de todas y los ladridos de Joy, se detuvieron. Solo una voz no se detuvo.

—¡Paren! ¡Paren! ¡Paren! —clamó una voz angustiada y con tono de queja—. Ya. Gracias. Ayúdenme a levantarme por favor.

Era un niño con un poncho y sombrero que se había llenado de espinas y cardos por los golpes de las varas que las niñas aporrearon contra el arbusto. Él se había escondido ahí porque se asustó al escuchar que alguien se acercaba por ese lado del camino. El niño tenía doce años, su nombre era Alexander y también se dirigía al poblado. Él venía desde muy lejos, de Pueblo del Río, les comentó una vez que le ayudaron a levantarse y limpiarse. Les explicó que se encontraban cerca de *Villa Esperanza*, el nombre del pueblo al que se estaban dirigiendo ellas. El camino por el que bajaban venía de Valle Verde y, señalando el lado contrario, les mencionó que hacia allá quedaba Villa Aurora, el poblado más cercano a la Mina Esperanza. De inmediato Ana buscó si llevaba el mapa y lo encontró en uno de sus bolsillos. Cuando lo abrió estaba casi en blanco, solo había un pequeño tramo trazado.

—Wow, ¿ustedes son líderes extranjeras?

—No sé, apenas estamos averiguando dónde estamos —repuso Ana inquieta.

—Esos mapas solo se los he visto a los Líderes Extranjeros —dijo el niño retomando el camino—. Vamos, que pronto cerrarán las puertas. El torneo va a empezar.

—¿Cuál torneo? —inquirió Juana.

—Todos los años se realiza un torneo entre los jóvenes de los cuatro poblados del *Valle de la Mina*. Así podemos determinar para lo que somos realmente buenos y cuando somos más grandes es más fácil encontrar una ocupación relacionada con la mina, a la cual podemos dedicarnos.

—¿Y qué más se hace en el torneo? —siguió preguntando Juana.

—Son varias pruebas, miden tu habilidad física, tus conocimientos y cómo controlas tus emociones. Los equipos escogen en cuáles participar, pero solo pueden seleccionar tres pruebas. Una para cada habilidad.

—¿Qué pasa si no superas las pruebas? —preguntó Ana con un poco de temor en su voz.

—Puedes repetir la prueba el próximo año.

—¿Próximo año? —dijo alarmada Ana.

—No podemos quedarnos tanto tiempo. Tu abuela llegará en una hora a tu casa —repuso Juana sobresaltada.

—¿Dónde estamos? —preguntó tímidamente Raksha.

—En el *Valle de la Mina*, ya se los dije.

—Pero, ¿dónde queda eso? O sea, ¿en qué país o continente?

—No entiendo —repuso el muchacho—, es el *Valle de la Mina*. Es decir los cuatro poblados que lo componen.

—Lo suponía —les comentó Raksha a sus amigas—, estamos dentro del mapa. Por eso se borró —tomó el mapa que tenía Ana todavía en las manos y se los mostró—. Mira, solo aparece dibujado lo que recorrimos estas horas. Seguro que si seguimos avanzando continuará el trazo.

El grupo continuó avanzando y cada tanto revisaban el mapa. En efecto, el camino recorrido se iba trazando. Justo cuando el sol se encontraba en lo más alto del cielo, llegaron a un enorme portón en el que se leía «Bienvenidos a *Villa Esperanza*».

Ya dentro del recinto de la villa había muchísimas personas en diferentes filas, entrando a unas salas bastante grandes. Alexander vio un grupo de muchachos y se despidió de las niñas corriendo hacia sus amigos. Ana intentó preguntarle algo, pero él ya estaba demasiado lejos. Decidieron acercarse hacia una mujer que parecía dar indicaciones. Ana levantó el mapa y la mujer al verlo les indicó que se acercaran a una sala grande con el portón color esmeralda.

Al llegar se dieron cuenta de que había un letrero en el que se leía «Líderes Extranjeros». No había demasiada fila, así que entraron pronto y se sentaron donde encontraron puesto. Joy se mantuvo en silencio en los brazos de Ana. Cerca de ellas había unos cinco grupos de jóvenes de su edad, tanto hombres como mujeres. Se percibía la timidez en el aire, ningún integrante de un equipo hablaba con los integrantes de otro. Juana observaba a las personas que se encontraban en la sala. Entre uno de los grupos pudo identificar a uno de los niños malcriados que se cruzó con ellas en el camino. Pero como estaban bajo techo, no se atrevió a molestarlo.

—Jóvenes —empezó a hablar una mujer alta con el cabello recogido en un moño. El tono con el que hablaba le recordó a Ana la voz de su madre. —Sé que todos deben estar sorprendidos por encontrarse aquí. Así son las reglas. Cada cierto tiempo, a poquísimas personas fuera del *Valle de la Mina* se les envía un llamado. Muchos lo ignoran, pero ustedes entendieron a su destino y ahora se encuentran aquí. Ustedes son los elegidos para conservar los saberes ancestrales que guardamos los pobladores del valle sobre la mina y para poder llevarlos a su respectiva gente. La tarea es muy sencilla, competirán en el torneo anual que se desarrollará a lo largo de esta semana —Ana levantó la mano.

—Disculpe, no podemos quedarnos tanto tiempo, nuestra abuela y familia nos esperan para la cena de cumpleaños. Ya deben estar preocupados.

—Tranquila, ¿cuál es tu nombre?

—Ana.

—Ana. Si tú y tu equipo completan las pruebas, se podrán ir con la Gema, el mapa y el premio intactos. Cuando lleguen a casa, no habrá pasado ni un segundo desde que se fueron.

—¿Qué sucede si fallamos? —preguntó Raksha algo preocupada.

—Volverán a su casa igual, pero perderán algunas de las reliquias que trajeron, por ejemplo: si no completan con éxito una de las pruebas, perderán la Gema; si fallan en dos de las tres pruebas, perderán también los conocimientos que se pueden llevar de aquí; y si fracasan en las tres pruebas, perderán también el mapa y no podrán retornar al *Valle de la Mina* — Ana se preocupó, no podía perder ninguna de las posesiones de su abuela—. ¿Todo claro?

—Sí —dijeron las tres al unísono. La instructora volvió al puesto central en la sala y continuó dando indicaciones.

—Como son nuevos aquí se les asignará un guía de seguridad que los orientará durante las pruebas. Esta persona les guiará para que sepan de qué se tratan las pruebas y para que se preparen para estas —después de asignarles un guía a cada equipo, salió del salón y se despidió, deseándoles buena suerte.

Al grupo de Ana y sus amigas le asignaron como guía a Tamara, una mujer firme y decidida, experta en temas de seguridad y con muchos conocimientos sobre la minería. Ella se hizo pronto amiga de las chicas y les explicó de lo que se trataba el torneo y cómo serán las competencias. La primera prueba será de conocimientos generales. Para superarla, deberán contestar seis preguntas de diferente grado de complejidad. Las chicas tendrán un tiempo limitado para responder y acumular puntos en función de la cantidad de respuestas correctas.

—La primera prueba será el día lunes, tienen estos días para aprender todo lo que puedan. Ustedes se darán cuenta para cuales temas son mejores. Encontrarán preguntas relacionadas con conceptos fundamentales de la minería, como términos técnicos, seguridad, procesos de extracción, tipos de minerales, impacto ambiental y otros aspectos importantes de la minería.

—¿Dónde aprenderemos todo eso? —se apresuró Ana a preguntar. Tamara la tranquilizó con una sonrisa.

—Pronto iremos al museo y la biblioteca que conservamos en la *Villa Esperanza*. Ahí aprenderán todo lo que les haga falta. La competencia será aquí mismo, el lunes por la mañana. Así que tienen casi dos días para prepararse muchachas. Si todo sale bien, iremos el martes a la Mina; ahí se llevarán a cabo las otras pruebas.

—¿Podemos llevar a Joy al museo?

—Es una hermosa perrita —dijo Tamara acariciando a Joy—, hasta ahora no ha hecho ruido, si se mantiene así, no creo que haya problema.

Tamara les infundía respeto y calma a las muchachas, ellas confiaron de inmediato en ella. Así que se levantaron y salieron prestas a la biblioteca de la villa. Joy las siguió muy educada. Ana revisó de nuevo su mapa, se había vuelto a trazar gran parte del trayecto; dio un respiro de alivio, sintió que estaba arreglando las cosas.

En la biblioteca encontraron muchos libros y videos que les enseñaron acerca de las medidas de seguridad y los equipos de protección dentro de una mina. Las niñas también aprendieron mucho acerca de los minerales: cómo se forman y las características físicas para identificarlos. Luego de ver varios videos comprendieron el procesamiento y refinamiento de minerales, así como sobre sostenibilidad y responsabilidad durante la extracción de los mismos. Tomaron apuntes y pasaron todo ese día leyendo.

Para poner en práctica los conocimientos aprendidos, el día domingo fueron al museo. Allí encontraron catálogos con muestras de varios minerales: cuarzo, calcita, feldespato, mica, pirita, hematita y turmalina. Pudieron apreciar las rocas ígneas, metamórficas y sedimentarias de primera mano. Quedaron maravilladas con los colores de cada mineral, desde el blanco hasta el amarillo, el naranja y el verde, pasando por vivos colores rojos, rosas y negros. Había muchísimo por aprender y muy poco tiempo. Entre todas inventaron trabalenguas y trucos para la memorización. No podían fallar en ninguna prueba, Ana debía regresar con las cosas de su abuela intactas.

Mientras Raksha y Ana repasaban, Juana exploró el museo. En el fondo, una pared estaba llena de retratos. Miró con detenimiento cada fotografía y se detuvo en una en especial.

—¡Ana!, ven, tienes que mirar esto —se acercó Juana para no armar un escándalo en el museo.

—¿Qué pasa? ¿Qué encontraste?

Las tres niñas, acompañadas por Joy se dirigieron a la pared de los retratos. Una pared llena de fotografías con rostros sonrientes. En el tope de la pared, muy cerca del techo había una leyenda: «Líderes Extranjeros Campeones». Entre las imágenes de diferentes jóvenes, hombres y mujeres, encontraron una fotografía de una niña igualita a Ana. La miraron sorprendidas.

—Debe ser la abuela Maureen. Así que ella pasó por las mismas en las que nos encontramos ahora. ¿Por qué no me lo habrá dicho?

—Así son las reglas —repuso Raksha.

—¿Cómo? —preguntó admirada Ana.

—Sí, en la biblioteca había un libro con las normas del torneo. Normalmente está reservado para los habitantes del *Valle de la Mina*, pero cada cierto tiempo un grupo selecto de jóvenes son llamados para participar en el evento. Deben ser descendientes de algún campeón de torneos pasados. Pero para poder participar en un nuevo torneo, estos jóvenes no deben llegar con conocimiento alguno de este lugar; si no el acceso al valle se bloquea.

—Ahora entiendo. Por eso la abuela Maureen dejó ese cofre en el ático de casa. Y cuando lo abrimos sentí esas fuertes palpitaciones.

—Ella confía en ti, Ana —le animó Juana.

—Sí, tu abuela pasó por esta misma situación cuando tenía nuestra edad y salió campeona. Nosotros también podemos conseguirlo.

Ana se llenó de alegría y confianza. Tenía a las mejores amigas del mundo acompañándola en esa aventura y no se detendrían hasta conseguir la victoria. Continuaron explorando el museo y buscando la manera de aprender todo lo posible. El día pasó volando. Tamara volvió y les dijo que debían ir a sus habitaciones a descansar. El siguiente día competirían y debían estar lúcidas.

Las tres compartían una recámara sencilla con dos literas. Ana compartía litera con Juana, y Raksha tenía una litera completa para ella sola. Joy se acomodaba en cualquiera de las camas de manera indistinta. Cada una repasaba en susurros los diferentes trabalenguas y trucos de memorización que inventaron para aprenderse todo lo que necesitaban sobre minerales, hasta que se quedaron dormidas.

A la mañana siguiente el sol estaba espléndido. Tamara acompañó a las chicas en su desayuno y juntas se dirigieron al auditorio donde se llevaría a cabo la prueba.

Al llegar, el graderío estaba repleto de jóvenes provenientes de los alrededores, quienes participaron en los eventos del torneo el fin de semana. Entre la multitud ubicaron a Alexander, que las alentaba desde lejos.

Juana sonrió y le mandó un saludo al muchacho. Esa mañana concursarían cinco equipos, pero sin competir entre ellos. Cada grupo debía contestar correctamente al menos cinco de las seis preguntas que les plantearían.

El primer equipo en participar logró contestar las seis preguntas fácilmente. Todos los presentes aplaudieron y festejaron el primer triunfo en el torneo de Líderes Extranjeros. El segundo equipo pasó y se equivocó en tan solo una de las preguntas. Esto alarmó un poco a Ana y sus amigas, ya que ellas serían el siguiente equipo en participar.

El encargado de hacer las preguntas era un hombre muy bien vestido con traje oscuro y luciendo un bigote fino. Él les hacía una pregunta y daba cuatro opciones de respuesta. Luego las chicas tenían treinta segundos para responder. A pesar de los nervios, toda la gente en el graderío las alentaba. Desde el estrado ellas veían toda la conmoción y, aún temblando, dieron la señal para empezar. Tamara estaba dentro del público y cuidaba de Joy, a quien tenía en brazos.

Llegó el momento de la primera pregunta. El conductor tenía un micrófono de diadema con el cual se dirigía alternativamente a las concursantes y al público. Manejaba muy bien a la audiencia. Las chicas solo tenían un micrófono frente a ellas, debían elegir quien daría la respuesta correcta a cada pregunta. El público guardó silencio y se dio comienzo a la ronda de preguntas para Ana y sus amigas.

—Bienvenidas, señoritas. ¿Tienen claras las reglas del concurso?

—Sí, contestaron las tres.

—Bien, en esta ocasión participarán Ana, Juana y Raksha como parte de uno de los equipos de Líderes Extranjeros. Empecemos… Primera pregunta: ¿Cuál de las siguientes opciones NO es una medida de seguridad común en una mina?

a) Casco de seguridad.

b) Gafas de sol.

c) Botas de seguridad.

d) Arnés de seguridad.

La primera en pasar a responder fue Ana. Quien con seguridad escogió la opción B. El conductor la felicitó y el público aplaudió con alegría.

—Segunda pregunta: ¿Cuál de las siguientes afirmaciones es verdadera con respecto a la seguridad minera?

a) La seguridad solo es responsabilidad de los trabajadores.

b) La capacitación sobre seguridad es crucial para prevenir accidentes.

c) El uso de EPP es opcional en el entorno minero.

d) La inspección de la maquinaria se puede postergar.

Esta pregunta aparentaba ser fácil, pero las chicas tenían sus dudas. No querían perder tan pronto la única oportunidad que tenían para equivocarse. El cronómetro llegaba a veinte segundos cuando Juana pasó decidida a dar la respuesta. Nuevamente escogió la opción B. Esta vez el conductor tardó en afirmar la respuesta y le preguntó si era su última palabra. Juana regresó a ver a sus amigas y estas asintieron. Ella volvió a afirmar:

—Es mi última palabra.

—Felicitaciones, han acertado en la segunda pregunta —confirmó el hombre desatando una marejada de aplausos entre el público. Juana volvió a su puesto contenta—. Es tiempo para la tercera pregunta —prosiguió el conductor—: ¿Cuál es el propósito del procesamiento de minerales dentro de una planta?

a) Separar los minerales valiosos de los materiales no deseados.

b) Almacenar los minerales sin procesar.

c) Transportar los minerales hacia los clientes.

d) Realizar pruebas de laboratorio en los minerales.

El cronómetro empezó a correr. Esta pregunta era mucho más difícil que las anteriores. Las tres discutieron en voz baja, pero no estaban seguras. No tenían tiempo que perder, el conductor empezó a ejercer presión para obtener una respuesta. Raksha se levantó y señaló la opción A como la respuesta del grupo. Afirmó que era su última palabra y el conductor nuevamente las hizo padecer unos segundos que se volvieron eternos hasta confirmar su respuesta. El público se emocionó y aplaudió al equipo de Ana. Las tres chicas sonreían, pero sentían las rodillas temblar ante la siguiente pregunta.

—Muy bien muchachas, han logrado acertar la mitad de las preguntas. ¿Están listas para las siguientes? —Las tres asintieron nerviosas—. Pues, vamos con la cuarta pregunta: ¿Qué tipo de mineral se utiliza en la fabricación de cerámica y vidrio?

a) Hematita.

b) Turmalina.

c) Feldespato.

d) Pirita.

Las tres repasaron mentalmente todos los nombres y características de minerales que habían estudiado. Juana pensaba que era la pirita, pero Ana y Raksha decían que era el feldespato. Cuando el cronómetro señaló veinticinco segundos, ellas escogieron a Juana para que fuera al micrófono. Ninguna de las tres estaba segura, le dijeron que confíe en su instinto. Escogió la opción D. Luego de un silencio abismal de unos segundos, el conductor planteó la pregunta de rigor:

—¿Es tu última palabra? —Juana dudó, le tembló la voz y regresó a ver a sus amigas, sus ojos pasaban de Ana a Raksha, hasta que tuvo que decidir.

—No —dijo sin tener una certeza del todo—, mejor escogeré la opción C, feldespato.

El conductor dejó correr otros segundos eternos, hasta que felicitó a Juana por cambiar la respuesta inicial, ya que lo correcto es, en efecto, el feldespato. El graderío rompió en vítores y aplausos. Las niñas veían cada vez más cerca la victoria de esa prueba. Ya solo quedaban dos preguntas, si contestaban correctamente una más ganarían. Juana se encontraba ya sentada junto a sus amigas cuando continuó el reto.

—Quinta pregunta: ¿Qué es la ley del mineral?

a) Código de ética para los trabajadores de la mina.

b) Contenido o concentración de un mineral valioso dentro de una muestra.

c) Regulación sobre el uso de explosivos en la minería.

d) Proceso para determinar la dureza de un mineral.

Esta pregunta las dejó atónitas. No recordaban haber estudiado nada de leyes. Mientras los segundos corrían en el cronómetro las chicas soltaban argumentos y respuestas posibles, pero ninguna se sentía segura. Podía ser cualquiera, pero las tres descartaban la opción B, porque esa opción ya había salido muchas veces. El tiempo se acabó y una de ellas tuvo que dar la respuesta. Raksha fue la elegida. Escogió la opción A.

—¿Última palabra?

—Última palabra —confirmó Raksha.

Otra espera eterna, pero en esta ocasión el conductor señaló que la respuesta era incorrecta. En efecto, la opción B era la correcta. El público se quedó mudo por un instante, pero luego volvió a los aplausos y aliento para las muchachas. Aún tenían una última oportunidad de superar esa prueba. Raksha volvió junto a sus amigas, con la cara triste. Las dos la recibieron y alentaron, no era culpa de ella. Debían continuar.

—La última pregunta determinará si aprueban o fallan. Sexta pregunta: ¿Cuál de los siguientes minerales es conocido por su propiedad de efervescencia al reaccionar con ácido?

a) Cuarzo. b) Calcita.

c) Diamante. d) Pirita.

Otra pregunta difícil, Ana y Juana se quedaron pálidas. No podían recurrir otra vez a la suerte, si fallaban estaban perdidas. No sabían qué responder. Los segundos transcurrían y Raksha repasaba entre labios un trabalenguas que se inventó el día anterior:

> En un museo mineralógico,
> brilla el cuarzo radiante y simpático.
> La calcita con su efervescencia,
> y el feldespato en su esencia.
> La mica reluce en su brillo nacarado,
> y la pirita brilla con su oro simulado.
> La hematita en rojo se destaca,
> y la turmalina con colores nos ataca.

—Escoge la D —le dijo en voz baja Juana a Ana—, el tiempo se acaba.

—¡Tiempo! ¿Tienen la respuesta? —apuró el conductor.

—Voy —señaló Ana. Se levantó decidida por la pirita.

—Es la B —detuvo Raksha con una aguda voz baja a Ana, quien se dirigía al micrófono.

—¿Segura? —cuestionó alarmada Ana.

—Sí —concluyó Raksha, quien había acabado de fallar la última pregunta.

Ana se paró frente al micrófono y no se decidía a responder. Reflexionó en un instante sobre su amiga y en la confianza que le tenía. Ella siempre fue capaz e inteligente, pero falló la respuesta anterior. Debía decidirse, no quedaba nada de tiempo. Debía confiar.

—Escojo la opción B.

—¿Segura? ¿Última palabra? —insistió el conductor para poner más suspenso al asunto. Ana sabía que Raksha habló con mucha seguridad, con el mismo tono con el que habla cuando conversa de lo que le gusta y de los temas que domina.

—Sí. Opción B. Calcita. Última palabra.

El tiempo se detuvo para Ana, si erraba en esa pregunta perdería el anillo de su abuela. La cabeza le comenzó a dar vueltas. Se imaginó tantos escenarios catastróficos que no se dio cuenta de que todo el graderío comenzó a saltar y aplaudir. ¡Habían acertado! Aprobaron ese concurso. Entonces las tres se abrazaron y saltaron. Hasta que las llevaron al graderío en preparación para los dos equipos que faltaban por participar.

El cuarto equipo superó la prueba sin dificultades, no hubo mayores sorpresas. De la misma manera, el graderío alentaba a los equipos cuando acertaban. El quinto y último equipo era el de los muchachos maleducados. Era un equipo integrado únicamente por varones. Llenos de confianza pasaron al estrado a responder sus seis preguntas. Acertaron las cuatro primeras preguntas, pero Ana se fijó en que se comportaban extrañamente, luego de recibir la pregunta se reunían en círculo y tardaban todo lo que podían en responder. Además, siempre parecían estar muy confiados con su respuesta. Entonces se dio cuenta de que uno de los chicos que se encontraba dentro del público, era precisamente el chico que las pasó empujando en el camino de llegada, y notó que presionaba algo contra su oreja. Ana se lo señaló a Juana y juntas se dirigieron hacia donde se encontraba el chico.

Ya muy cerca de él, Juana lo distrajo tropezando y Ana le arrebató el auricular que llevaba. Les estaba dando las respuestas a los chicos en el estrado. Parece que la comunicación se cortó en medio de la quinta pregunta porque estaban pálidos y sin saber qué hacer. El niño que les estaba soplando las respuestas huyó entre el público. Entonces se oyó un lamento general. Los chicos fallaron la quinta pregunta. Ahora, para la sexta, sin ayudante, estarían perdidos. Y así fue, luego de contestar la última pregunta, el conductor les indicó que lamentaba que fueran el único equipo en fallar. Pero los alentó a superar las pruebas de los próximos días. Aún les quedaban dos.

Los muchachos caminaron airados hacia la salida.

Ya todos en el patio, se reunieron para recibir instrucciones. El día miércoles era la prueba de resistencia física. Deberían entrenar la tarde del lunes y el día martes para tener claro la cronología de esa prueba; una especie de pequeña olimpiada minera. Ana, Juana y Raksha conversaban con Tamara y jugaban con Joy, riéndose de los tramposos y de cómo descubrieron sus artimañas. Las tres amigas estaban mirando el mapa, recordando toda la aventura hasta ahora. A lo lejos, el chico que tenía el auricular entre el público, señalaba a Ana y Juana, su rostro reflejaba ira.

Tamara condujo a las niñas hacia las inmediaciones de la mina; es ahí donde se realizarán las dos pruebas restantes. En ese lugar practicaron la manera de usar los trajes de seguridad, cómo superar obstáculos, el uso de algunas herramientas y, en general, las reglas de la competencia. Cada equipo tendrá un tiempo de dos horas para cruzar el campo de pruebas. Primero deberán de llevar puesto correctamente el equipo de protección personal, y también deberán guardar en su mochila diez artículos y herramientas que ellas seleccionen para continuar con la competencia. Una vez aprovisionadas, deberán superar tres obstáculos: 1) de destreza manual, 2) de resistencia física, y 3) de seguridad y respuesta a emergencias.

Las cuatro viajaban en un vehículo todo terreno, Joy iba muy contenta recibiendo el viento en su cara y ladrando de vez en cuando. De pronto, en el horizonte se divisó un terraplén grande y al fondo un enorme agujero en la tierra, la entrada a la mina. Conforme se acercaban, el camino de acceso se volvía más grande, el paisaje estaba dominado por arenisca, parecía desierto, y no hacía mucho viento. Era majestuoso ver la obra de tantas personas, el terraplén formaba una pendiente que las dirigía directo a donde ya se encontraba la gente para llevar a cabo la prueba. El sitio estaba muy bien señalizado y las personas se movían de un lado a otro, dejando todo a punto.

Esta prueba era muy exigente, así que, por seguridad, cada equipo debe participar con su guía y con un profesional adicional a manera de colaborador. Tamara conversó con los guardias de ingreso, quienes le permitieron el paso. Llegaron a una oficina de registro donde Tamara saludó a su amiga Zumai; ella iba a completar el equipo. Zumai es una mujer joven, llena de determinación y muy fuerte. Es una experta en geología, muy respetada por su habilidad para analizar y comprender las rocas y minerales y por su capacidad para interpretar las señales que la tierra les brinda.

Juntas, se dirigieron al punto de partida de la competencia, Ana llevaba a Joy con una pequeña correa atada a su arnés; mientras revisaba el mapa se dio cuenta de que se había trazado casi por completo. Muy cerca, Juana vio a los chicos que hicieron trampa el otro día, uno de los muchachos cayó en cuenta de las miradas y le sacó la lengua a Juana. Ella se preparaba para gritarle, pero Tamara las condujo al sitio donde les iban a entregar lo que necesitaban.

Les dieron su equipo de protección personal para cada una: un casco, gafas de seguridad, máscara respiratoria, protectores auditivos, un overol de tela gruesa, chaleco reflectivo, botas de seguridad y guantes de protección. Tamara les repetía constantemente la importancia de usar todo el equipo, no solo porque podrían ser descalificadas, sino porque el riesgo era alto y, cerca de una mina, cualquier precaución era poca. Luego se dirigieron al área de aprovisionamiento, en la que tenían que cargar una mochila con diez herramientas y utensilios que creyeran convenientes. Bajo la dirección de Zumai, decidieron qué artículos iban a necesitar para las pruebas: linternas, cuerdas de seguridad, arneses de seguridad, pico, cincel, brújula, lupa, bolsas para recolección de muestras, pala y un cepillo. Una vez listas, se dirigieron al punto de partida.

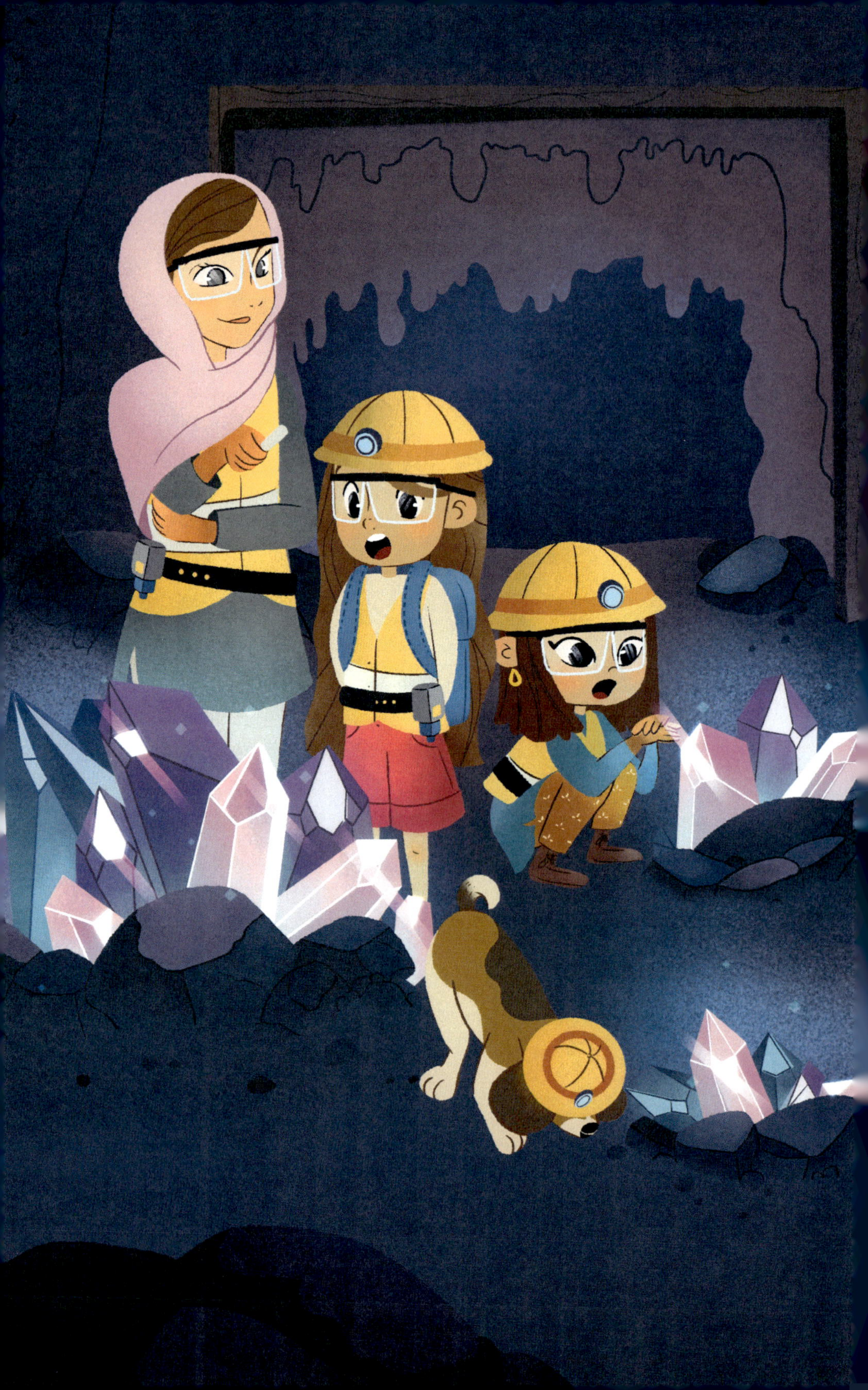

La competencia arrancó. Aria, Juana, Raksha, Zumai, Tamara y Joy se pusieron su equipo de seguridad de inmediato (hasta la perrita Joy llevaba un casco tiernísimo), en menos de tres minutos. Luego corrieron hacia la prueba de destreza manual. Debían recoger muestras minerales y etiquetarlas.

Zumai dirigió la operación con mano quirúrgica. Tamara iba a supervisar la seguridad todo el tiempo. Las cinco corrieron hacia la entrada de la mina. Era una maravilla de ingeniería y de la naturaleza. La mina era enorme e impresionante, parecía que se adentraban en las fauces de una majestuosa bestia de metal y roca, un testimonio del trabajo y la riqueza de los pobladores del *Valle de la Mina*, y su tradición ancestral.

Debían recoger una muestra de oro, una de plata y otra de cobre, luego correr hasta el terraplén y entregar las muestras a los supervisores que las esperaban en la cima. Se iban a tomar muy en cuenta las medidas de seguridad, no todo debía ser velocidad. El equipo superaría la prueba si entregaba las muestras completas sin romper las normas de seguridad.

Llegaron a una cámara enorme, llena de unas lámparas muy potentes que iluminaban el interior excavado de la roca; la cual recibía el cuidado y fue moldeada por el trabajo de los mineros. Ahí iban a trabajar, según lo que les indicó Zumai. Delimitaron el espacio y empezaron a limpiar las rocas con el cepillo; una comenzó a cincelar y otra miraba con la lupa, hasta Joy buscaba y ladraba cuando veía una roca grande. Tamara y Zumai debían supervisar al equipo, pero no debían intervenir en su desempeño dentro de la prueba, solo podían servir de guías. Pronto, Juana dijo que encontró la muestra de oro, la guardó y etiquetó apresurada. Las niñas siguieron trabajando hasta que apareció la muestra de cobre, había mucho. Luego de varios intentos, encontraron una pequeña muestra de plata. Las tres niñas corrieron hacia la salida, pero Zumai les llamó la atención.

—¡Niñaaas! ¿Revisaron las muestras? —las tres pararon en seco. Joy dio un par de ladridos.

—No, disculpe —repuso Ana.

Se acercaron de vuelta. Tamara les pidió a todas que se pusieran sus gafas de seguridad otra vez. Zumai sacó una botella con ácido nítrico y puso a prueba parte de las muestras. La plata y el cobre eran genuinos. Pero cuando fue el momento para la prueba del oro…

—Se disolvió —concluyó Zumai—, es pirita. Oro de bobos.

—¿Entonces no sirve? —cuestionó Juana.

—Vamos de vuelta —dijo Ana encaminando a sus amigas otra vez a la zona de trabajo.

—No se olviden los guantes de protección —les repitió Tamara.

Debían darse prisa, a Ana le preocupaba el tiempo, pero también le interesaba que las muestras salieran bien; de otra manera, no podría llegar a casa con las reliquias de su abuela intactas. Tardaron varios minutos en volver a encontrar una muestra de oro. Cuando encontraron algo, fueron de nuevo a comprobar.

—Pirita —respondió Zumai con pena.

—¡De nuevo! —dijo Ana frustrada, el tiempo se acababa.

—Vamos de vuelta, Ana —le dijo Juana con una sonrisa a su amiga.

Raksha había continuado picando y sacando muestras de oro, así que llevaron una muestra tras otra. La botella de ácido casi se terminaba, hasta que por fin una muestra dio positivo.

—¡Oro!

—Eureka —celebró Raksha.

—¡Viva! —gritaron Juana y Ana.

—Ahora sí, vamos amigas —repuso Ana apremiada.

Las cinco salieron junto a la perrita, apresuradas por llegar a la base del terraplén. En la boca de la mina, Juana se chocó de vuelta con uno de los niños tramposos.

—¿Qué hacen aquí? La mina es un trabajo de hombres. Ja, ja, ja. Mejor vete a la cocina —le dijo con un patético tono burlón que sacó de quicio a Juana, ella que era tan alegre.

—Cállate, tú no sabes nada, niño. Yo puedo ser más fuerte y rápida que tú.

—Ah, ¿sí? —le dijo el niño a Juana antes de empujarla y salir corriendo.

Ella empezó a perseguirlo, pero el chico era muy rápido. El grupo se había alejado bastante y Tamara le llamó la atención para que volviera. Le recordó que no tenían tiempo y que no valía la pena perder los pocos minutos que les quedaban con un niño que no sabía nada.

—No pierdas el tiempo peleando. A veces aparecen personas así entre los Líderes Extranjeros. Tarde o temprano caen. Tú demuéstrales que eres mejor ganando la competencia, no necesitas darle explicaciones —le aconsejó Tamara con tono amable, pero firme, mientras caminaban para alcanzar al grupo.

Llegaron a la base del terraplén. La cuesta resultaba algo empinada, por lo que debían utilizar los arneses. Había cuerdas guía tendidas para que los participantes pudieran escalar el terraplén y entregar sus muestras. La subida no fue dificultosa, Tamara se aseguró de que las muchachas pudieran subir de una manera segura y completar la prueba; ella se haría cargo de la perrita Joy. Tenían quince minutos para subir los doscientos metros que medía el terraplén. Quedaba poco tiempo, pero podía ser suficiente. Juana subía adelantando a todas, repitiéndose que ella podía ser más rápida y fuerte que ese niño. Tamara le gritó que parara un poco, que debían llegar juntas, así que paró a esperar a Ana y Raksha, pero continuaba dándole vueltas en la cabeza a lo que le hubiera respondido a ese niño mugroso; eso la hizo descuidarse y perder el equilibrio. Resbaló un poco y soltó un chillido, que luego fue reproducido por sus amigas; sin embargo, el arnés y la cuerda de seguridad hicieron su trabajo y no dejaron que cayeran. Las tres llegaron a la cima del terraplén y se dirigieron a la zona de entrega de muestras. Aún quedaban cinco minutos en el reloj.

Al llegar, Ana entregó la muestra de plata, Raksha la de cobre y cuando Juana buscó su muestra, sintió un vacío en su pecho que le quitaba la respiración, la sensación de haber perdido algo importantísimo. No tenía la muestra. «¿Se me habrá caído cuando casi me caigo?», se preguntó en un microsegundo y salió corriendo de vuelta al terraplén. Ana y Raksha fueron tras ella. No podían bajar de vuelta, no tenían tiempo. En los alrededores no se veía nada parecido a lo que buscaban. El tiempo terminó y no pudieron completar la prueba. Ana se puso a llorar por la reliquia de su abuela, pero no guardaba rencor hacia su amiga. Todo fue un accidente.

Juana se sintió muy mal, porque por su culpa fallaron en la prueba. Pensaba que les había fallado a sus amigas. Se despidieron de Zumai, quien se quedó apenada. La vuelta a *Villa Esperanza* fue en silencio hasta la mitad del trayecto. Entonces, Tamara habló.

—Niñas, sé que es triste perder. En especial para ti Ana, por el anillo de tu abuela. Pero siempre puede venir algo mejor. Lo importante es que hoy dieron lo mejor de ustedes mismas y llegaron a la meta a tiempo. Los accidentes pasan, y para lo que sirven es para aprender a evitarlos. Te lo digo yo, que soy experta en seguridad —las niñas continuaban en silencio. Se sentía una tensión profunda en el auto—. ¿Por qué no hablan, niñas? Juana, tú eres la más risueña y animada. Siempre le ves el lado bueno a las cosas. ¿Qué pasó ahora?

—Nada. Es que… Creo que… las chicas están enojadas conmigo —confesó Juana.

—Nooo —repuso Ana.

—No, amiga —se unió Raksha.

—No estoy enojada contigo, solo algo triste por la pérdida del anillo de mi abuela. Pero no te sientas culpable, fue un accidente. Pudo haberle ocurrido a cualquiera.

—¿Segura no me guardas rencor?

—No, Juana. Para nada. Tú eres mi amiga. Ya no te preocupes.

—Te prometo que te compensaré, Ana —le dijo Juana antes de abrazar a sus amigas.

Al llegar a *Villa Esperanza* comieron algo, se ducharon y fueron directo a las literas, todavía quedaba una prueba que superar el día viernes. No podía haber errores. Las tres niñas y Joy se durmieron de inmediato.

La mañana siguiente, Tamara llevó a las chicas de vuelta al museo. Allí les mostró todo el progreso y la tecnología que habían desarrollado en el *Valle de la Mina* y por qué fue importante su tradición ancestral en la que hombres y mujeres trabajan en igualdad de condiciones. Les explicó que todos esos conocimientos se han ido transmitiendo de generación en generación y era lo que les ha permitido ser tan prósperos y exitosos en su trabajo con la mina. Cada cierto tiempo se abre un portal con nuestro mundo, lo que les permite compartir sus saberes con otras culturas y pueblos fuera del mapa. Ana fue elegida por el lazo familiar de su abuela, pero ahora los nietos de Juana y Raksha, podrían tener la oportunidad de entrar.

Maureen había participado en el torneo cuando tenía 13 años, hace 54 años. Ella ganó los tres eventos. Tamara les comentó a las chicas que la abuela Maureen fue campeona en muchos otros mapas. Y ahí Ana recordó el cofre y la casa. La cena de cumpleaños y su abuela. Tenían mucho de qué hablar. «¿Lo sabría su mamá?», se preguntó. Todo le parecía fantástico e irreal, pero se sentía más que nunca orgullosa de su abuela. Ella también quería ser portavoz de una cultura de trabajo tan excepcional como la de los pobladores del *Valle de la Mina*.

Conversaron todo el día acerca de los tipos de trabajo en la mina y qué deberían aprender para realizarlos. Tamara empezó hablando sobre las especialistas en seguridad minera, como ella, quienes se preocupaban por mantener a salvo a todos los trabajadores; y de las supervisoras, que coordinaban todas las operaciones. También, de las metalúrgicas que transformaban los minerales en metales puros. Luego, les relató historias de geólogas, como Zumai, que exploraban las entrañas de la Tierra en busca de valiosos minerales, y de cómo las ingenieras de minas diseñaban y supervisaban las operaciones bajo tierra.

Mencionó a las técnicas de laboratorio, que analizaban las muestras minerales con precisión; y a las operadoras de maquinaria pesada, que manejaban grandes equipos para extraer los minerales.

En ese momento, Juana saltó de emoción, le fascinaba la idea de conducir una bulldozer. Con cada profesión mencionada, las niñas dejaban volar su imaginación y visualizaban su futuro en la industria minera.

Museo de minería Esmeralda

Tamara destacó que estas profesiones no solo eran emocionantes, sino que también ofrecían la oportunidad de contribuir con el desarrollo sostenible y responsable de la industria. Ellas tendrían la oportunidad de llevar ese mensaje a todas las niñas y niños, jóvenes y adultos de su ciudad y país.

Ya por la noche, volvieron sin entender bien de qué iba a tratar la prueba del día siguiente. Tamara les explicó que sería una prueba de carácter, de liderazgo y fortaleza, tanto física, como emocional, pero no agregó más detalles. Después de eso podrían volver a casa.

El viernes por la mañana se encontraban ya en la entrada de la mina. Ana, Juana, Raksha, Tamara y Joy se acercaron a la cima del terraplén, ahí daban instrucciones a todos los equipos. Un hombre muy bien vestido y recién afeitado, hablaba por el micrófono. Señaló la entrada a la mina.

—Para esta prueba, los cinco equipos competirán entre sí. Tendrán que entrar al corazón de la mina y buscar la *Gema Esmeralda* —se escuchó un murmullo general—. Para esto deberán seguir el mapa con el que llegaron aquí, a esta altura debe estar trazado casi por completo. Solo falta el tramo hasta llegar a la *gema*, sean prudentes, porque se dibujará únicamente el camino por el que decidan ir.

Tamara juntó a las chicas y las animó.

—Esto no sucede todo el tiempo, será una prueba difícil, la mina conduce a muchos caminos, debemos estar muy pendientes de la seguridad. Conforme más cerca del centro de la mina estemos, más peligroso se vuelve.

—Gracias Tamara —dijo Ana—, pero, ¿cómo sabré por dónde ir?

—Tú tendrás el mapa, pero todas podremos ayudarte a decidir. Aprendieron bastante estos días.

—Es cierto —dijo Raksha y puso su mano al centro—. Todas para una…

—Y una para todas —dijo Juana poniendo su mano encima.

Ana y Tamara se unieron y repitieron el «una para todas», riendo. Y se dirigieron al interior de la mina. Los otros equipos empezaron a avanzar, no corrían por cuestión de seguridad, pero iban a paso apresurado. En medio de la multitud apareció el muchacho tramposo a molestar de nuevo a Juana.

—¿Qué haces aquí?, tú no podrás con este trabajo —dijo a las espaldas de Juana.

—Mejor vete —dijo la niña conservando la calma—. No pienso discutir contigo.

—Ah, ¿sí? —le respondió en tono burlón el muchacho. Y le mostró una bolsita llena de rocas pequeñas. Eran las muestras de oro que las niñas perdieron durante la competencia anterior. Y salió corriendo.

—¡Ladrón! —gritó Juana, pero el tumulto era enorme y la marejada de gente ahogó su voz y el chico se perdió entre la multitud.

«No se saldrá con la suya», se repetía Juana y volvió donde sus amigas. Les contó lo que pasó. Tamara les recomendó esperar al final de la competencia, los supervisores del evento tomarían cartas en el asunto. Por el momento era importante ganar la prueba, debían encontrar la *Gema Esmeralda*. Juana se contuvo, no quería arruinar de nuevo la competencia, aunque ahora sentía un completo alivio al saber que no fue su culpa perder la bolsa, sino que se la robaron.

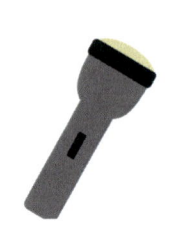

Caminaron varios minutos adentrándose en la mina, la mayor parte del trayecto estaba bien iluminado. La aglomeración de personas terminó cuando empezaron a aparecer diferentes túneles por los cuales ir. Pero estos ya no contaban con iluminación, por lo que tuvieron que usar sus linternas. En el mapa de Ana, la *Gema Esmeralda* estaba cruzando un manantial subterráneo al nororiente de donde se encontraban. Decidieron avanzar principalmente a lo largo de los túneles que las conducían hacia la derecha. Conforme avanzaban, el mapa iba marcando su ruta. Llegaron a un punto en el que se abrían tres túneles, todos hacia el nororiente. El túnel de la derecha parecía angostarse metros más adelante, no tenía salida. El túnel del centro estaba cubierto por una costra blanca, era algo angosto, tendrían que cruzarlo agachadas, pero la luz mostraba que seguía de largo. Finalmente, el túnel de la izquierda brillaba cuando le apuntaban el haz de luz, era un túnel más amplio y con algunas curvas en el camino. Se sentaron a pensar por dónde seguir.

—El de la derecha, descartado —comentó Raksha.

—Exacto —recalcó Tamara—. El túnel del centro se ve bien, pero tengo miedo de que más adelante se angoste y quedemos atrapadas. Pero puede ser que el otro túnel nos lleve con tranquilidad por varios minutos y no lleve a ningún lugar.

—El río está cerca —comentó Ana. Debe haber alguna manera de acertar sin tener que recorrer el camino.

Las cuatro deliberaron sobre la mejor solución. Unas abogaban por la seguridad, otras por el tiempo. En medio de argumentos, Raksha dio una razón interesante. Se acordó que había leído sobre la reacción del carbonato de calcio con el agua y que esa costra en las paredes del túnel era señal de que el túnel llegaba hasta el río.

Las otras tres quedaron en silencio y no supieron qué más abogar. Irán por el túnel estrecho. Pasaron una por una en cuclillas, hasta que ingresó la última de ellas por el túnel, y no alcanzaron a escuchar unas rocas moverse a sus espaldas.

Tal como pensaron, el túnel se fue estrechando, así que empezaron a caminar a gatas. Siguieron por varios metros hasta que escucharon el murmullo del agua. Era el manantial que habían visto en el mapa. Eso las animó a avanzar a pesar de la estrechez. Tamara sentía algo de preocupación, pero no quería desalentar a las chicas.

Finalmente, ingresaron a una cámara un poco más grande que estaba llena de cristales de roca y minerales. La iluminaron con las tenues luces de las linternas. Los cristales eran brillantes y relucientes, tesoros geológicos que capturaron la atención de las cuatro. El manantial corría detrás de ellas con un murmullo pacífico.

Al apuntar con las linternas, destacaban espléndidas geodas de amatista, con sus tonalidades púrpura y transparencias fascinantes. A su lado, los cristales de cuarzo resplandecían en múltiples colores, desde el blanco cristalino hasta el ahumado y el rosado. Los minerales también se hacían presentes con su esplendor. Destacaban las piritas, con su brillo metálico dorado; Juana ya había aprendido sobre su apariencia que se parece al oro. Los relucientes cristales de calcita añadían su belleza con una variada gama de colores: blanco, amarillo, verde y azul. A un lado, apreciaban la malaquita, con su vibrante color verde, y la azurita, con su intenso azul profundo. Parecía que cada rincón de la cámara relucía con un color diferente; hasta en los rincones más pequeños se podían ver hermosos cristales de fluorita, con tonalidades violeta, verde y azul.

La cámara de la mina era un auténtico tesoro de la naturaleza, donde los cristales y minerales las deslumbraron por algunos minutos. Era un recordatorio de la increíble diversidad y belleza que se encuentra en las profundidades de la Tierra, y de la importancia de su preservación y admiración. Pero debían encontrar la *Gema Esmeralda*. ¿Cuál de todas era?

Tamara y las tres niñas, equipadas con sus linternas y una gran dosis de emoción, con los ojos atentos y las manos temblorosas de emoción, comenzaron a explorar cada rincón de la cámara. Se agacharon para examinar los cristales de cuarzo, maravillándose con sus múltiples formas y colores. Pasaron sus dedos suavemente sobre las superficies de las geodas de amatista, sintiendo su suave textura y su energía. Mientras avanzaban con cautela entre los minerales, Ana detuvo su paso y señaló hacia un rincón oscuro. Allí, entre una maraña de cristales, había un destello verde intenso que captó su atención. Era una esmeralda, la *gema* que habían estado buscando.

Juana y Raksha se acercaron emocionadas, admirando la esmeralda en su plenitud. Su color verde llamativo y su brillo característico la hacían destacar entre los demás minerales. Con cuidado, Tamara tomó la *gema* en sus manos. La cámara se llenó de alegría y risas mientras las niñas celebraban su descubrimiento. Sabían que habían encontrado su boleto de regreso a casa en medio de aquel tesoro mineral. Con la *Gema Esmeralda* en mano, se prepararon para salir de la cámara y reclamar el triunfo de la competencia.

Regresaron por el estrecho túnel iluminado por las linternas. Sin embargo, no veían ninguna luz al final, parecía que la oscuridad cubría la salida y no les permitía llegar. Avanzaron durante varios minutos, incluso, ya podían caminar erguidas, hasta que se toparon con una pared de rocas apiladas donde se encontraba la entrada del túnel.

—Debieron ser esos niños tramposos —dijo Juana con decepción—. Debí haberlo atrapado.

—Tranquilas chicas, vamos a encontrar una solución —sentenció Tamara con ecuanimidad —. Veamos si podemos quitar rocas de la parte alta.

Juana se subió a los hombros de Ana y empezó a mover rocas. Algunas eran fáciles de quitar, otras estaban atascadas. Cuando Ana se cansaba, cambiaban de turno. Así subían alternando entre los hombros de Raksha, de Juana y de Tamara. Las chicas estaban cansadas y no veían luz en ningún momento. Juana, siempre tan optimista, seguía trabajando con intensidad, pero sentía que las palabras que le había dicho el muchacho, eran ciertas. «Este no es trabajo para mujeres», pensó. Entonces, al mover una roca se machucó un dedo y empezó a llorar, bajándose de los hombros de Tamara.

—Este no es trabajo para una mujer —dijo Juana entre sollozos.

Tamara y las otras chicas se acercaron y la abrazaron.

—No pierdas la esperanza, Juana —dijo Tamara—. Aunque en tu mundo la minería es considerada un trabajo principalmente masculino, aquí en el valle hemos comprobado que las mujeres aportamos una perspectiva única y gran diversidad de habilidades para el trabajo minero. Hay mujeres geólogas, ingenieras de minas, técnicas en seguridad y salud ocupacional, operadoras de maquinaria, químicas especializadas y muchas otras profesiones relacionadas, como hablamos ayer en el museo. Además, las mujeres tenemos una gran capacidad para trabajar en equipo y tomar decisiones importantes en situaciones desafiantes. Mira hasta dónde hemos llegado.

—Tiene razón —agregó Raksha—. Nos falta poco para salir de aquí, no dejes que ese niño te moleste. Tú siempre iluminas hasta el lugar más oscuro con tu sonrisa, Juana.

—Levántate, amiga —le dijo Ana, extendiéndole la mano—. Faltan unas pocas rocas más y podrá salir Joy a pedir ayuda.

Más calmada y con su cálida sonrisa, Juana se volvió a levantar. Ayudó a las otras chicas a retirar más rocas. Al cabo de veinte minutos, por fin se abrió un agujero que dejó pasar algo de luz hacia el interior. Trabajaron quince minutos más y la abertura era suficiente para que saliera Joy. Le iluminaron su camino y la pequeña perrita pasó a través del agujero. Escucharon su ladrido alejarse. Las cuatro cruzaron dedos, esperando que pronto las encontrasen. Mientras tanto, se pusieron a conversar acerca de lo que harían de vuelta en casa y cómo ayudarían a difundir el mensaje y los conocimientos de la gente del *Valle de la Mina*.

La conversación estuvo tan animada, que no sintieron pasar la media hora que tardó Joy en traer ayuda. La perrita había memorizado el camino y llamaba con presteza a los rescatistas. Una vez que estuvieron cerca, Tamara les explicó la situación. Les pidieron alejarse un poco para poder derribar la pared de rocas que tapaba la entrada al túnel. Eso no tomó mucho tiempo ya que tenían las herramientas adecuadas. Una vez fuera, les agradecieron a los rescatistas y les explicaron las sospechas que tenían sobre los chicos tramposos como autores del bloqueo de la mina. Salieron pronto para respirar algo de aire puro. Estaban contentas porque, a pesar de todo, tenían la *gema*. Pronto estarán de vuelta a casa.

De vuelta en la cima del terraplén, la gente aplaudía al mirar la *Gema Esmeralda* y al equipo que logró rescatarlas. Ana, Juana y Raksha sonreían y saludaban a la gente que se les acercaba. El supervisor del evento las felicitó y las invitó a la premiación. Y se dirigió al público.

—El torneo de este año ha llegado a su fin. Estamos seguros de que ustedes, como Líderes Extranjeros, se llevarán invaluables conocimientos y experiencias a su mundo. Para nosotros es un gusto y honor recibirlos. Sin embargo, también suelen venir invitados que causan molestias. Así sucedió con uno de los equipos, quienes, aprovechándose de diferentes pretextos, hicieron trampa para ganar el torneo. Desafortunadamente para ellos, nosotros nos damos cuenta de todos esos pormenores. Así que, los integrantes de ese equipo serán expulsados y no podrán venir jamás —concluyó con tono ceremonial—. Ahora, por favor, que se acerque el equipo que encontró la *gema*.

Ana, Juana y Raksha se acercaron y recibieron una cadena con un dije de esmeralda.

—¿Qué pasará con el anillo de mi abuela? —preguntó Ana inquieta.

—Esta vez no podrás llevártelo, confórmate con el dije —le mencionó apacible el supervisor del evento—. Tendrás más oportunidades de ganar los tres eventos —terminó con una sonrisa—. Como tu abuela lo hizo.

Ana tenía el mapa nuevamente trazado por completo, estaba contenta porque, a pesar de no haber recuperado el anillo de su abuela, le llevaría una joya nueva.

—Ahora les entregaremos el premio más codiciado —continuó el supervisor, dirigiéndose a las niñas—. Dentro de estas mochilas, no solo encontrarán suvenires y recuerdos del *Valle de la Mina*, sino que también se llevarán algunas cartas. Estas cartas están escritas por otros jóvenes del valle y también por los profesionales con los que trabajaron durante el torneo. Ese es el mayor tesoro que se llevan de aquí, el conocimiento y la experiencia. Vayan y compártanlo en su mundo.

Ana, Raksha y Juana estaban de pie, contentas, despidiéndose de toda la gente del valle. Abrazaron y agradecieron a Tamara y a Zumai, quienes guardaron un par de cartas en las mochilas de las niñas. También Alexander, el niño que conocieron al principio, se acercó a felicitarles.

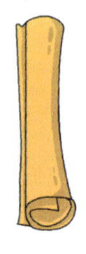

En un momento dado, los dijes que les habían obsequiado a las niñas empezaron a brillar, cada vez más intensamente. Hasta que una luz verdosa lo inundó todo y las

imágenes de las personas a su alrededor se volvieron más difusas.
Joy, en brazos de Ana, continuó ladrando hasta que el sonido abandonó el *Valle de la Mina*. Estaban de vuelta en el desván de la casa de Ana.

Bajaron corriendo y todo estaba como lo dejaron. Las tres empezaron a reír y corrieron de vuelta al ático, en sus mochilas encontraron muestras de minerales, una lupa, una agenda para tomar apuntes como la que Zumai utilizaba y varias cartas. Ana se dio cuenta de que debían ordenar la casa y adornarla para la cena, su abuela llegará muy pronto. Juana y Raksha cerraron las mochilas y bajaron a ordenarlo todo.

En una hora habían terminado de guardar los platos, inflaron globos y colocaron los adornos que encontraron en el ático. A punto de terminar, escucharon el timbre. Era su abuela, Maureen. Ana abrió la puerta, feliz, y abrazó a su abuela. Ella era una mujer con mirada penetrante y sonrisa cálida, alguien que irradiaba ese tipo de serenidad que solo se obtiene a través de la experiencia y el conocimiento profundo. Su hermoso cabello dorado enmarcaba su rostro con algunas arrugas, pero estaba lleno de vitalidad, era el reflejo de una vida dedicada a la exploración y el descubrimiento. Ana la admiraba ahora más que nunca.

Maureen sabía que, probablemente ese día Ana había descubierto el mapa y atravesado las pruebas. No conocía los resultados, pero se sentía contenta de ver a su nieta tan feliz, y la abrazó por unos segundos más antes de preguntar.

—¿Cómo estás, preciosa?

—Bien, abuela. Mira —Ana le mostró el dije de esmeralda a su abuela.

—Pasaste dos de tres pruebas. Muy bien, Ana. Te felicito.

—Gracias, abuela. Ahora que ya lo sabemos, ¿te puedo preguntar algo? Tengo un millón de preguntas.

—Ja, ja, ja. Me imagino. Claro mi niña, me imagino. Pregúntame lo que quieras.

—¿Mamá lo sabe?

—Ella nunca sintió el llamado y cuando se lo intenté contar, pensó que eran recuerdos confusos de la infancia. Creo que por el momento será mejor que no sepa.

—Ok, abuela, será nuestro secreto.

—Por supuesto, Ana —le dijo y le acarició la cabeza—. ¿Leíste las cartas?

—Aún no. Vamos, las chicas fueron al ático. Ellas también se ganaron sus dijes. Leamos las cartas con ellas.

—Vamos, tus padres llegarán pronto…

FIN

Las protagonistas tienen un mensaje para ti

ANA GABRIELA JUÁREZ | Guatemala

Ana Gabriela Juárez es consultora ambiental, emprendedora y defensora del empoderamiento de la mujer. Con más de 18 años de experiencia liderando proyectos ambientales en más de cuatro continentes, actualmente es presidenta de las operaciones de CTA Consultoría y Tecnología Ambiental en el Canadá, fundadora de Women in Mining Central America, Presidenta de A2J Minerals, y directora en la junta directiva de Royal Road Minerals. Su compromiso con la sostenibilidad y el empoderamiento de las mujeres la ha llevado a ser reconocida internacionalmente.

Estimada aventurera,

¡Qué increíble viaje has emprendido junto a Ana y sus amigas en esta emocionante historia llena de descubrimientos, amistad y valentía! Soy Ana Gabriela Juárez, la autora detrás de este libro y la inspiración en la vida real para el personaje audaz y curioso, Ana.

Cuando era joven, nunca hubiera imaginado embarcarme en una aventura minera. Ni siquiera había oído hablar de la minería hasta que fui mayor. Pero a través de este libro, espero presentarte el mundo de la minería y a las mujeres notables que han descubierto sus tesoros y prosperado en sus profundidades.

Hace más de 15 años, cuando comencé mi propia travesía en la minería, carecía de modelos a seguir femeninos en la industria. Pero ahora, creo que este libro puede inspirarte a ver que mujeres extraordinarias, increíbles modelos a seguir, abundan en esta industria.

Así como Ana, posees el poder de perseguir tus sueños y alcanzar metas magníficas. Te animo a explorar el mundo de la minería, aprender sobre las ciencias de la Tierra y considerar carreras científicas o de ingeniería para tu futuro. Sin importar cuáles sean tus pasiones, recuerda que no hay límites para lo que puedes lograr.

Sé valiente, curiosa y sigue tu propio camino. No temas desafiar estereotipos y superar cualquier obstáculo que se cruce en tu camino. Recuerda que eres una chica llena de potencial y que puedes marcar la diferencia en el mundo, al igual que Ana y todas las mujeres que han dejado su huella en la industria minera.

Gracias nuevamente por ser parte de esta aventura. Espero que Las Aventuras de Ana en la Mina hayan dejado una marca en tu corazón e inspirado a ser tú misma.

¡Espero verte en futuras aventuras!

Ana Gabriela Juárez

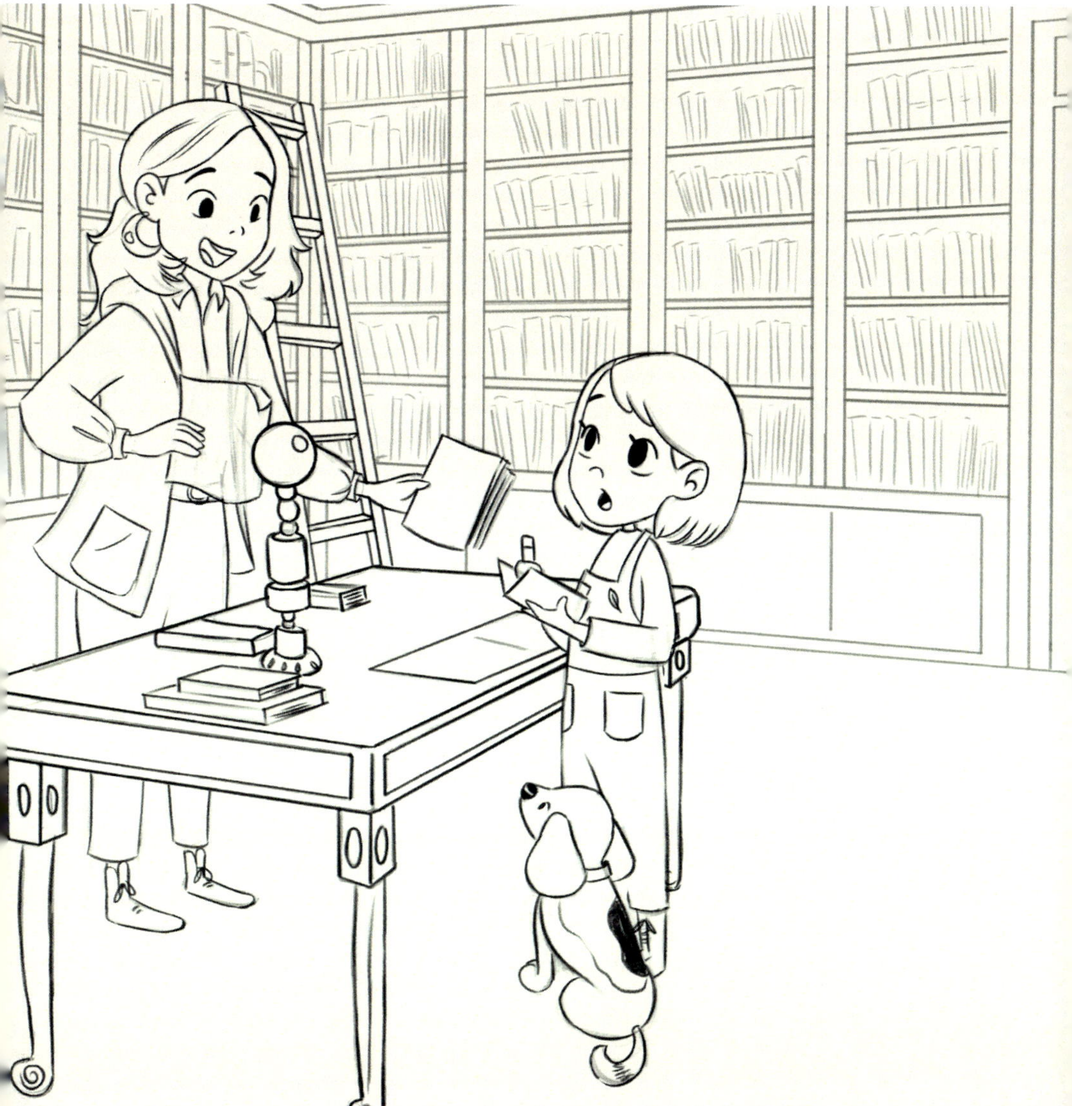

MAUREEN JENSEN | Canadá

Maureen es directora corporativa profesional que ha servido en más de 25 juntas directivas corporativas, incluyendo empresas públicas, empresas sin fines de lucro y empresas privadas. Ella es una geocientífica que ha trabajado en el ámbito de la exploración minera durante 20 años, posteriormente fungiendo como reguladora de los mercados públicos en Canadá por más de 20 años. En 2022 fue reconocida en el Salón de la fama de minería de Canadá.

Amiga aventurera,

Espero que este libro haya despertado tu curiosidad acerca de la Tierra y los minerales. Crecí en un pequeño pueblo del Canadá y siempre me intrigó la mina en mi localidad. Quería saber por qué estaba allí, cómo se formaron los minerales y cómo se descubrió. Estas preguntas me condujeron a una vida de estudio, viajes, conocimiento y exploración.

Si tienes curiosidad y deseas explorar, puedes empezar desde tu propio hogar. Piensa en cómo se formó la tierra que pisas y cómo ha cambiado a lo largo del tiempo. Haz preguntas y lee para aprender más acerca de las rocas y tesoros minerales en tu país. Tu curiosidad puede llevarte a una vida llena de aventuras y conocimiento. ¡Disfruta!

Atentamente,

Maureen Jensen

RANA ZUMAI | Arabia Saudita

Rana Zumai es una profesional destacada con estudios y experiencia en geología, moda y comunicaciones corporativas. Es la directora Senior de Comunicaciones Corporativas y Conocimiento en la Entidad Geológica de Arabia Saudita y miembro fundador del comité WIM en Arabia Saudita.

Querida amiga,

Este libro fue escrito con amor y pasión para compartir con ustedes las emocionantes experiencias que mujeres como nosotras atravesamos en el campo de la geología y la minería, con nuestros diferentes roles provenientes de diversas culturas y antecedentes.

Con el fin de alcanzar nuestras metas y comprender que el futuro siempre guarda grandes sorpresas para las personas dedicadas, compartiré mi secreto personal junto con un pequeño consejo: «Disfruten el viaje y consideren todos los desafíos que han enfrentado como las historias de aventuras en su propio libro de la vida». Además, agreguen el hermoso impacto que tienen en las vidas de las personas a su alrededor.

Con todo mi amor y respeto.

Rana Abdullha Zumai

JUANA BARCELÓ | R. Dominicana

Juana Barceló es una destacada y reconocida abogada. Funge actualmente como presidenta de Barrick Pueblo Viejo y cuenta con más de 14 años de experiencia en el sector minero. Desde 2009, ha liderado el crecimiento de las operaciones en la Republica Dominicana contribuyendo al desarrollo económico y social de las comunidades y ha promovido el empoderamiento de mujeres en el sector minero.

Queridas lectoras,

Es un honor para mí compartir estas líneas mientras acompañan a Ana en su increíble viaje en la mina. Cada página que recorran representa un paso hacia la aventura y el descubrimiento. Recuerden, en este vasto mundo, no hay límites que no puedan superar. Al igual que Ana y sus amigas, pueden romper los techos de cristal y abrirse camino en cualquier campo que elijan, incluso en aquellos que históricamente han sido dominados por hombres.

La minería, con sus secretos y tesoros escondidos, es solo un ejemplo de cómo cada rincón del conocimiento puede ser suyo para explorar y conquistar. Mantengan sus mentes curiosas y sus sueños altos, ¡porque el cielo no es el límite, es solo el comienzo!

Con cariño y admiración,

Juana Barceló

RAKSHA NAIDOO | Sudáfrica

Raksha es una química con amplia experiencia en todas las facetas de investigación y producción. Su agudo sentido de estrategia empresarial y mejora de negocios le ha permitido alcanzar puestos de alta gerencia. Actualmente es la CEO de The Particle Group y la Directora de WIM Sudáfrica.

Querido lectora,

Esperamos que hayas disfrutado aprendiendo con nosotros a través de esta aventura. Recuerda que siempre es importante ser curioso, explorar y aprender cosas nuevas.

Nunca tengas miedo de probar algo diferente y de embarcarte en aventuras cuando las encuentres. El futuro es nuestro para construir algo maravilloso, así que, ¡ponte tu capa de superhéroe, aventúrate y sé increíble!

Con mucho cariño.
Raksha Naidoo

TAMARA LEVES | Chile

Tamara Leves es una destacada ingeniera, reconocida por su notable trayectoria en el campo de la gestión de recursos humanos y salud ocupacional como Presidenta de WIM Chile y en su destacado trabajo en CODELCO como Directora de Salud Ocupacional. Actualmente, ocupa el cargo de Gerente de Personas en Glencore.

Hola, apreciada lectora,

¡Me alegra tener la oportunidad de escribirte esta carta!

Quiero que sepas que eres una persona única y especial, con mucho talento y potencial. Tienes el poder de lograr todo lo que te propongas, siempre y cuando tengas fe en ti y sigas trabajando duro. Si tienes una meta en mente, no te rindas ante el primer obstáculo que encuentres. En lugar de eso, piensa en cómo puedes superarlo y seguir avanzando hacia tu objetivo. No te compares con las demás personas, ya que cada uno tiene su propio camino y ritmo. En lugar de eso, céntrate en tus propias fortalezas y en cómo puedes utilizarlas para lograr tus metas. Y no te olvides de disfrutar el viaje, ya que cada etapa del camino puede enseñarte algo importante.

Si alguna vez te sientes desanimada, recuerda que hay mucha gente que te apoya y te quiere ver triunfar. Yo estoy aquí para apoyarte en lo que necesites, y sé que tu familia, amigos y amigas te quieren mucho. Confía en ti misma, trabaja duro y sigue tus sueños, ¡porque eres una persona increíble!

¡¡¡Bienvenida a la Minería!!!

Con mucho cariño,
Tamara Leves

95

Esta historia continuará...

Índice

Las aventuras de Ana en la mina:
"El secreto de la Esperanza"   9
Cartas   79
    ANA GABRIELA JUÁREZ | Guatemala   81
    MAUREEN JENSEN | Canadá   85
    RANA ZUMAI | Arabia Saudita   87
    JUANA BARCELÓ | República Dominicana   89
    RAKSHA NAIDOO | Sudáfrica   91
    TAMARA LEVES | Chile   93

WIM
WOMEN IN MINING
CENTRAL AMERICA

- wim_centralamerica
- WIM Central America
- Women in Mining (WIM) Central America
- info@wimcentralamerica.com
- www.wimcentralamerica.com

Ana Gabriela JUAREZ

- www.linkedin.com/in/ctaanajuarez
- anajuarez@cta-consultoria.com
- www.anagabrielajuarez.com

Las aventuras de Ana en la mina:
"El secreto de la Esperanza".
©Ana Gabriela Juárez
2023

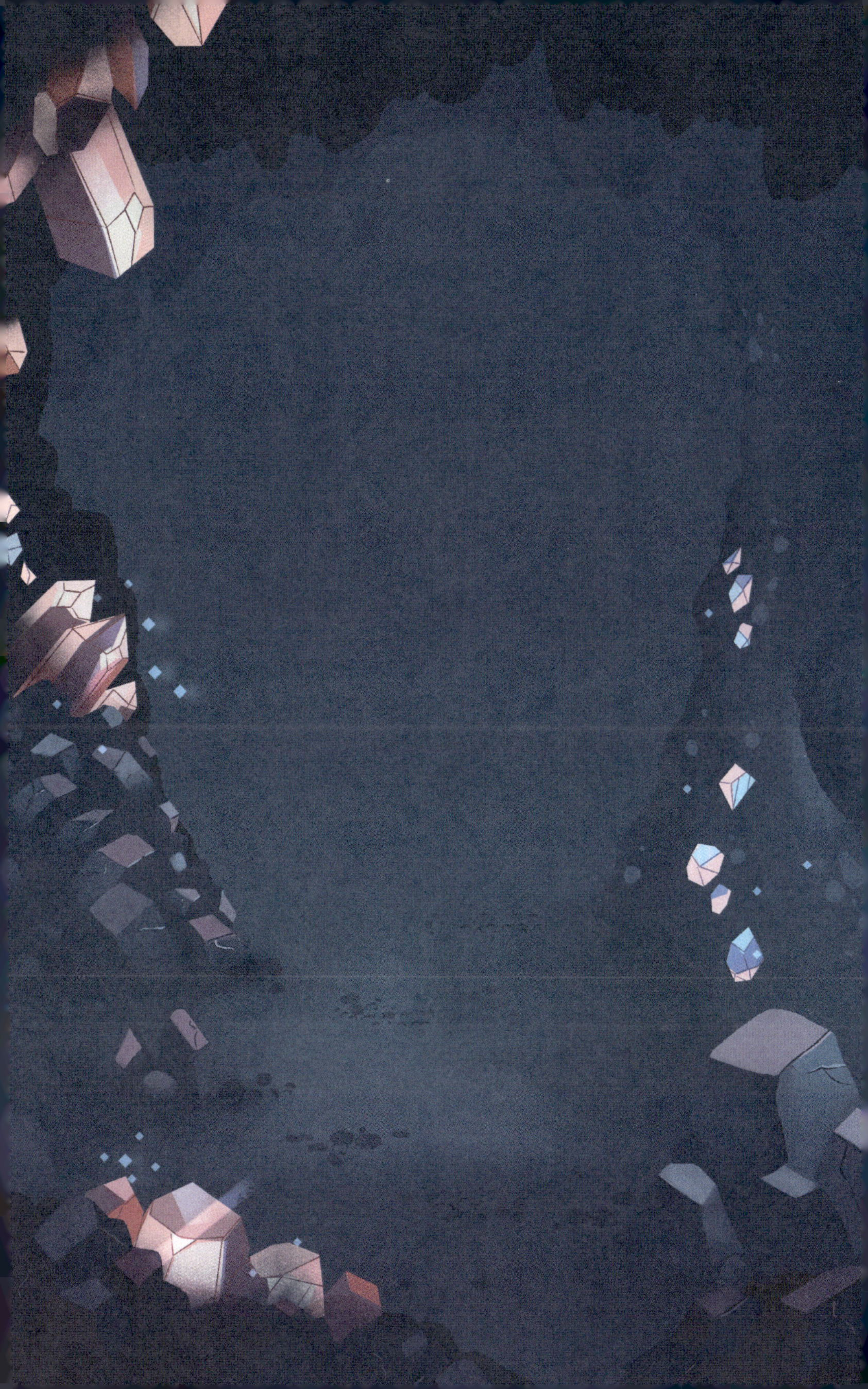

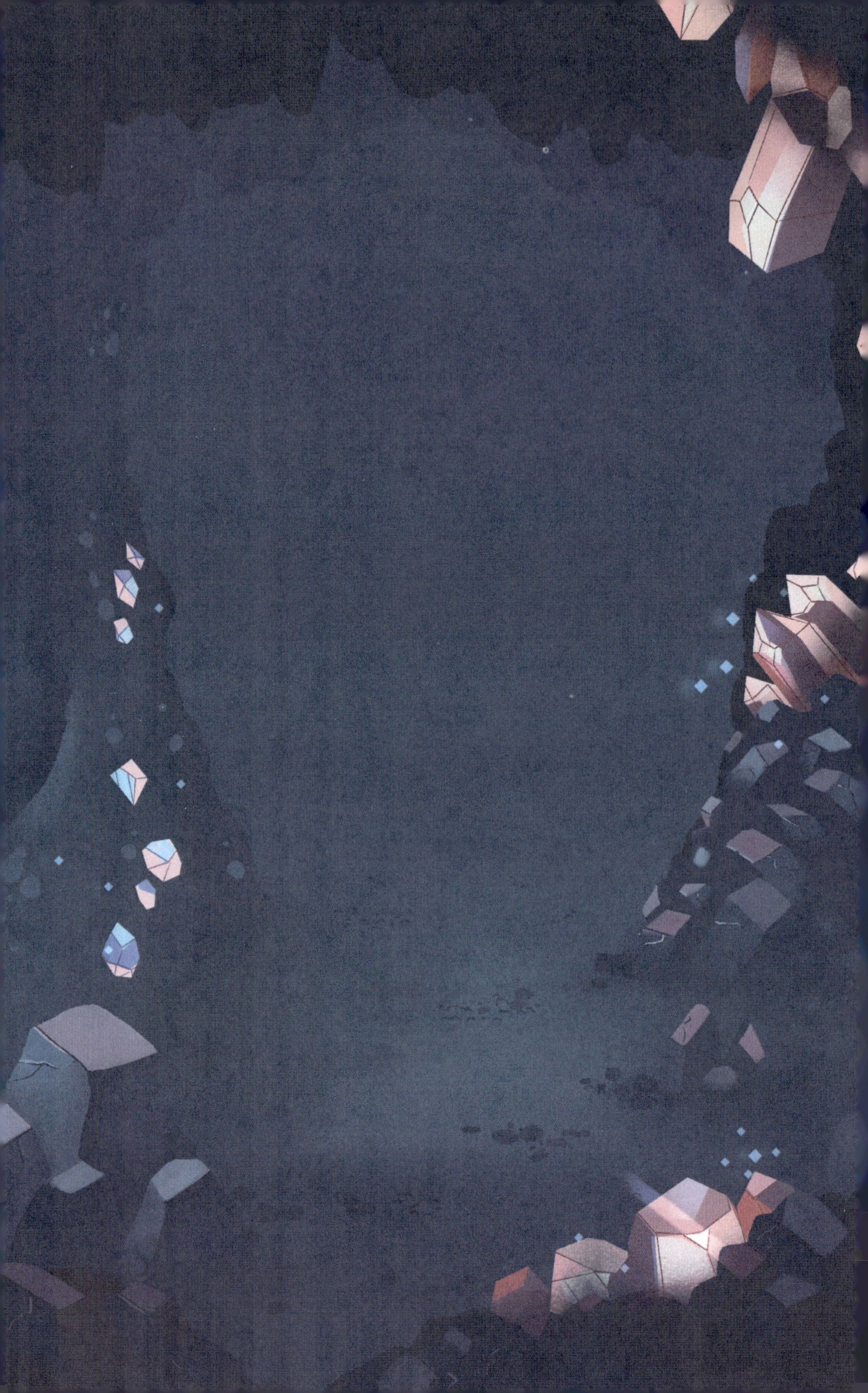

Made in the USA
Coppell, TX
05 December 2023